BEI GRIN MACHT SICH IHR WISSEN BEZAHLT

- Wir veröffentlichen Ihre Hausarbeit, Bachelor- und Masterarbeit

- Ihr eigenes eBook und Buch - weltweit in allen wichtigen Shops

- Verdienen Sie an jedem Verkauf

Jetzt bei www.GRIN.com hochladen und kostenlos publizieren

Sebastian Schult

Die Bedeutungskonstitution von Schuhen

GRIN Verlag

Bibliografische Information der Deutschen Nationalbibliothek:

Die Deutsche Bibliothek verzeichnet diese Publikation in der Deutschen National-
bibliografie; detaillierte bibliografische Daten sind im Internet über http://dnb.d-
nb.de/ abrufbar.

Impressum:

Copyright © 2006 GRIN Verlag GmbH
Druck und Bindung: Books on Demand GmbH, Norderstedt Germany
ISBN: 978-3-638-80323-6

Dieses Buch bei GRIN:

http://www.grin.com/de/e-book/75583/die-bedeutungskonstitution-von-schuhen

Ernst-Moritz-Arndt-Universität Greifswald

Hausarbeit zum Hauptseminar
„Discursive Acts"
Sommersemester 2006

Die Bedeutungskonstitution von Schuhen

Sebastian Schult

6. Sem., M.A.
Germ/Kowi/Angl

Inhaltsverzeichnis

1 Einleitung

Schuhe spielen in der Gesellschaft eine bedeutsame Rolle. Sie sind essentieller Bestandteil der menschlichen Kleidung und erfüllen als diese eine Vielzahl an Bedeutungsdimensionen. So werden Schuhe sowohl als funktionaler Gegenstand betrachtet, der die Fortbewegung in unserer Umwelt erleichtert, als auch als modisches Kleidungsstück, das unsere charakterlichen Facetten betont. Neben diesen grundlegenden Dimensionen werden sie jedoch auch unter einer Vielzahl weiterer Gesichtspunkte definiert, die an dieser Stelle nicht alle aufgezählt werden sollen. Es ist somit ersichtlich, dass dem Begriff „Schuh" eine Vielzahl unterschiedlicher Bedeutungen zugewiesen werden kann, wobei die jeweiligen Sprachbenutzer darüber entscheiden, welche der möglichen Bedeutungen sie prozessieren. Da die Problematik der Bedeutungszuweisung in der Linguistik eine wichtige Rolle spielt, werde ich diesen Terminus in der vorliegenden Arbeit einer näheren Betrachtung unterziehen und dabei dem Lexem „Schuh" besondere Aufmerksamkeit schenken. Folgende These soll der Ausgangspunkt meiner Untersuchungen sein:

> Die Bedeutung des Lexems „Schuh" lässt sich häufig nicht auf seine Denotation beschränken, sondern ist darüber hinaus auch konnotativer, referentieller sowie kontextabhängiger Art.

Um nun diese These zu verifizieren/falsifizieren gliedere ich die Arbeit in einen Theorie- sowie einen Analyseteil. Im Theorieteil konzentriere ich mich auf unterschiedliche Aspekte wie Denotation, Konnotation, Referenz oder auch Kontextabhängigkeit und gehe der Frage nach, inwiefern Bedeutungen im Wort „vorliegen", sich ändern können oder erst durch den Rezipienten konstituiert werden. Im darauf folgenden Analyseteil werde ich mich schließlich mit einer qualitativen Teststudie zur Bedeutung von Schuhen auseinandersetzen und anhand dieser aufzeigen, auf welch unterschiedliche Weise dieser Terminus von den Probanden konstituiert wird und wie kontextabhängig die Bedeutung demnach ist.

2 Wortbedeutungen

Bedeutung ist ein äußerst vielschichtiger Begriff der Linguistik, der aus einer Vielzahl wissenschaftlicher Perspektiven betrachtet werden kann, sollte und auch muss. Aus diesem Grunde werde ich ihn im folgenden Abschnitt näher definieren, indem ich seine unterschiedlichen Ausprägungen sowie die teilweise strittige wissenschaftliche Auseinandersetzung mit ihm beschreibe.

2.1 Denotative und referentielle Bedeutung

2.1.1 Die wissenschaftliche Auseinandersetzung mit Denotation

Lyons (1977) unterscheidet zwischen der deskriptiven, sozialen sowie expressiven Bedeutung (Lipka 1990, S. 46) und ordnet der erstgenannten, primären Bedeutungsart – gemäß wissenschaftlicher Intersubjektivität - Denotation und Referenz zu. Dabei kommt er zu der Erkenntnis, dass sich die Denotation eines Lexems wie folgt definiert:

[A denotation is] the relationship that holds between that lexeme and persons, things, places, properties, processes and activities external to the language-system. We will use the term denotatum for the class of objects, properties, etc., to which the expression correctly applies. (Lyons 1977. In: Lipka 1990, S. 58)

Weiterführend unterscheidet Lyons zwischen zentraler Denotation ("central or focal denotation of a lexeme") und totaler Denotation („total denotation") (Lipka 1990, S. 60). Lipka formuliert dies wie folgt:

Languages may differ with respect to the denotational boundaries of words, but still be in agreement concerning the "focal denotation" of equivalent words. Thus, certain "focal types of colour, shape, texture, biological and social function" have to be recognized. (Lipka 1990, S. 60 f.)

Als Beispiel für Denotation sei hier das Substantiv *Kuh* aufgeführt: Die denotative Bedeutung dieses Begriffes liegt (ungeachtet der jeweiligen Äußerungsumstände) in der Klassifizierung dieser Tierart sowie den individuellen Vertretern (losgelöst von situativen Kontexten).

2.1.2 Die wissenschaftliche Auseinandersetzung mit Referenz

Kommt es hingegen zu Formulierungen wie *Stefans Kühe* oder *die drei Kühe dort drüben*, so liegt eine referentielle Bedeutung vor, die sich anhand der Tatsache zeigt, dass der Begriff *Kuh* hier einer konkreten Situation zugeordnet werden muss (Lipka 1990, S. 58). Lipka hierzu:

In this case the reference of these expressions containing *cow* is partly determined by the denotation of the lexeme *cow* in the system of the English language. (Lipka 1990, S. 58)

Die Referenz eines Begriffes steht also in Abhängigkeit zur denotativen Bedeutung, da letztere die Grundlage bildet für seine situationsspezifische Anwendung. Koll-Stobbe beschreibt die Differenzierung von Denotation und Referenz folgendermaßen:

Die für eine konkrete Lexikologie wichtige Differenz zwischen virtueller versus aktualisierter Information wird aus der Perspektive der Semantik in der Differenzierung zwischen Denotation und Referenz festgehalten: Während Lexeme als abstrakte Einheiten des Sprachsystems Entitäten der Objektwelt oder einer imaginären Welt denotieren, referieren lexikalische Einheiten auf konkrete (oder spezifische) Entitäten in der außersprachlichen Welt. (Koll- Stobbe 2000, S. 37)

Bei Hansen u.a. wird der Referenz-Terminus hingegen in den Denotationsbegriff eingegliedert. Die denotative Bedeutung fungiert hier als

[...] das interindividuell invariante rationale Abbild der Merkmalstruktur einer Erscheinung, Eigenschaft oder Beziehung der Realität, das einem bestimmten Formativ im sprachlichen Zeichensystem zugeordnet ist [...]: interindividuell invariant, weil sonst die sprachliche Kommunikation zusammenbrechen würde; rational, weil hier nichtrationale Abbilder wie Emotionen ausgeschlossen sind; Merkmalstruktur einer Erscheinung, Eigenschaft oder Beziehung der Realität, weil hier Abbilder über andere Abbilder ausgeschlossen sind. (Hansen u.a. 1982, S. 154)

Referenz definieren Hansen u.a. als eine den sprachlichen Zeichen zukommende Funktion, die darin besteht, „eine bestimmte Erscheinung, Eigenschaft oder Beziehung der Realität zu vertreten bzw. zu repräsentieren" (Hansen u.a. 1982, S. 154). Sie gliedert diesen Terminus deshalb in die denotative Bedeutung ein, weil beide Begriffe „als

Intension (Inhalt) und Extension (Umfang) des rationalen Abbilds in dialektischer Einheit miteinander verbunden sind [...]" (Hansen u.a. 1982, S. 154).

Eine weitere, sehr treffende Definition für Referenz liefert Lyons. Dieser betrachtet Referenz als ein Beziehungskonzept, das nicht von abstrakten Sätzen, sondern von konkreten Äußerungen abhängig ist (Lipka 1990, S. 58).

[Reference is] the relationship which holds between an expression and what that expression stands for on particular occasions of its utterance. (Lyons 1977. In: Lipka 1990, S. 58)

Der Referenz-Terminus ist deshalb so bedeutsam, weil er der Differenzierung zwischen der Bedeutung eines linguistischen Ausdrucks und seiner Beziehung zum außersprachlichen Objekt der realen Welt Aufmerksamkeit verleiht. Eine solche Differenzierung ist laut einer Vielzahl von Philosophen und Linguisten, so auch Lyons, notwendig, da verschiedene linguistische Ausdrücke auf ein und dasselbe außersprachliche Objekt verweisen können (Lipka 1990, S. 47). Beispielsweise können sich *Stefan* und *Autofahrer* auf die gleiche Person beziehen, obwohl sie zweifelsohne in ihrer Bedeutung differieren.

Auf sehr pragmatische Weise ausgelegt ist die Referenz bei Searle (1969), welcher diesem Terminus in seiner Sprechakttheorie eine zentrale Rolle zukommen lässt. Lipka erkennt deutliche Parallelen zwischen Lyons und Searle:

For Searle [...] – as for Lyons – reference is a linguistic act, by means of which a speaker may sucessfully "pick out or identify" an extralinguistic "object X", or *referent*, for a hearer. (Lipka 1990, S. 60)

Laut Searle lässt sich eine eindeutige Referenz ("definite reference") durch sprachliche Kategorien wie Eigennamen, komplexe Substantivphrasen (*Stefans Bruder, der Mann dort drüben* etc.), Pronomen sowie Titel (*die Bundeskanzlerin* etc.) herstellen (Lipka 1990, S. 60).

Entgegen vieler weiterer Linguisten machen Ogden/Richards (1923) in ihrem Semiotischen Dreieck vom Referenz-Terminus nicht als Relationskonzept Gebrauch, sondern vielmehr als gedankliche Entität. Eine Verbindung zwischen Symbol und außersprachlichem Objekt besteht hier nur auf indirekte Weise, d.h. über die Referenz bzw. den Gedanken als Vermittlungsinstanz.

They stress the point that the meaning of a linguistic symbol (as a concept or thought) has to be clearly distinguished from the extralinguistic object (or referent) denoted by it. Words, as linguistic signs, are therefore indirectly related to extralinguistic referents. (Lipka 1990, S. 43)

2.2 Konnotative und assoziative Bedeutung

2.2.1 Begriffsklärung nach Leech

Zu den sekundären Bedeutungen zählen die konnotative sowie die assoziative Bedeutung. Leech (²1981) versteht unter *Bedeutung* eine Art kommunikativer Ausprägung *(communicative value)*, die in Sinn (bzw. konzeptionelle Bedeutung), assoziative sowie thematische Bedeutung aufgegliedert werden kann. Hinsichtlich der assoziativen Bedeutung erstellt Leech weitere Subklassen, wobei eine von ihnen die konnotative Bedeutung ist (Lipka 1990, S. 46). Für ihn besteht zwischen konnotativer und assoziativer Bedeutung insofern ein Zusammenhang, als letztere eine Umschreibung für den Begriffskern der erstgenannten darstellt. Oder wie bei Lipka beschrieben:

[Leech] regards this type of meaning as a subclass of his associative meaning [...], which could be seen as a paraphrase of the more general sense of connotation. (Lipka 1990, S. 63)

2.2.2 Arten von Konnotationen

Eine bedeutsame Rolle wird der Konnotation hinsichtlich der Gliederung des Lexikons zuteil, da „doch der gesamte Lexembestand einer Sprache als im weitesten Sinne konnotativ markiert angesehen werden" muss (Hansen u.a. 1982, S. 19). Hansen u.a. haben diesbezüglich ein System entwickelt, das sich grob in *stilistische* sowie *expressive* Konnotationen gliedern lässt. Die Masse des Gemeinwortschatzes weist laut Hansen u.a. eine stilistische Neutralität (auch als *Null-Konnotation* bezeichnet) auf, die „zwischen dem gehobenen oder förmlichen Stil (formal) und der Umgangssprache (coll)" (Hansen u.a. 1982, S. 19) anzusiedeln ist. Dies impliziert bereits eine weiterführende Aufgliederung stilistischer Konnotationen in *gehobene* und *gesenkte* Konnotationen. Gehobene Konnotationen lassen sich wiederum unterteilen in *förmliche* (angewendet in förmlichen Texten), *literarische/poetische* (angewendet in poetischer Literatur), *archaische* Konnotationen (bei veraltetem Sprachgebrauch) sowie Konnotationen *fremder Herkunft*. Letztere „kennzeichnet Lexeme, die ihrer Schreibung und oft auch ihrer Lautung nach eindeutig aus fremden Sprachen stammen." (Hansen u.a. 1982, S. 20) Stilistisch gesenkte Konnotationen lassen sich hingegen aufgliedern in *umgangssprachliche* (von gehoben-umgangssprachlich bis zwanglos-umgangssprachlich reichende) Konnotationen, *Slang-* sowie *vulgäre* Konnotationen. Während Hansen u.a. die Slang-Konnotation als „salopp-umgangsprachlich" bezeichnen, klassifizieren sie vulgäre Konnotationen als „roh und verletzend" und ordnen sie „unterhalb des Slang" an (Hansen u.a. 1982, S. 21).

Expressive Konnotationen wiederum verdeutlichen die emotionale Verfassung und Einstellung des Sprechers bzw. Schreibers.

Die expressive Konnotierung der Lexeme ist auf keine Stilebene und auf keinen Funktionalstil beschränkt, obwohl sie in bestimmten Kommunikationssphären, z. B. im wissenschaftlich-technischen oder offiziell-amtlichen Bereich, relativ selten ist. Andererseits sind expressive Konnotationen um so häufiger anzutreffen, je gesenkter die stilistische Konnotation ist. So sind vor allem Slangausdrücke und Vulgarismen meist untrennbar mit expressiven Konnotationen verknüpft. (Hansen u.a. 1982, S. 22 f.)

Demnach ist es nicht verwunderlich, dass expressive Konnotationen ungeeignet sind zur Heranziehung von Objekt-Merkmalen – ein Aspekt, der auch für den Analyseteil dieser Arbeit nicht unbedeutend sein wird.

Diese sind keine Abbilder des Erkenntnisobjekts, sondern drücken die Haltung des Erkenntnissubjekts (des Abbildenden) zum Erkenntnisobjekt (zum Abgebildeten) aus. Sie können also nicht als Merkmale des Objekts verifiziert werden. (Hansen u.a. 1982, S. 194)

Expressive Konnotationen lassen sich laut Hansen u.a. wie folgt aufgliedern: *Abwertende* Konnotationen suggerieren eine negative Einstellung des Sprechers zum Bezeichneten. *Unschickliche* oder *verbotene* Konnotationen umfassen insbesondere

Lexeme, die im sexuellen Bereich verpönt sind. An ihrer Stelle kommen häufig die *verhüllenden* oder *gebotenen* Konnotationen zum Einsatz, die abschwächend wirken. *Scherzhafte* Konnotationen wiederum verweisen auf eine nicht ernst gemeinte Haltung des Sprechers/Schreibers, während *aufwertende* Konnotationen eine positive Bewertung implizieren. Es darf nicht unerwähnt bleiben, dass expressive Konnotationen (noch stärker als die stilistischen) einem stetigen Wandel unterzogen werden:

Dadurch geraten die Bedeutungen immer wieder in Bewegung. Lexeme mit der Konnotation (euph) erhalten die Konnotation (derog) oder sogar (taboo) und werden durch andere Lexeme mit der Konnotation (euph) ersetzt. Demgegenüber verlaufen die Veränderungen der denotativen Bedeutungen wesentlich langsamer und in größeren Zeitabständen. (Hansen u.a. 1982, S. 24 f.)

Um einige Beispiele für die Verwendung expressiver Konnotationen in einer Gesellschaft aufzuzeigen, lohnt ein Blick auf den politisch-ideologischen Bereich: So wurde beispielsweise während des Vietnam-Krieges auf USA-Seite gezielt Meinungsmanipulation mit Hilfe von „Euphemisierungen" betrieben (z.B. *body-count* für „counting of killed enemies"). Waffenbezeichnungen wie *Daisy Cutter* oder *Fat Albert* waren nicht nur verhüllend, sondern zugleich scherzhaft konnotativ und mit dem Verb *sanitise* für *murder* wurde die abwertende Konnotation durch eine aufwertende ersetzt (Hansen u.a. 1982, S. 24).

2.3   Das Verhältnis zwischen Denotation und Konnotation

Die Differenzierung von Denotation und Konnotation, entscheidend geprägt durch Mill (1843), führt unweigerlich zur

Aufspaltung der Semantik in die Teilgebiete der referentiellen Semantik vs. der konzeptuellen Semantik […], die über ein Jahrhundert später als Teilgebiete der Sprachwissenschaft bzw. der Psychologie untersucht werden […]". (Koll-Stobbe 2000, S. 38)

Ausgehend von Leech unterscheidet Lipka Denotation und Konnotation wie folgt:

9

The twofold distinction between *denotation* and *connotation* can be justified, in that the *denotative meaning* refers to the relation between a linguistic sign and its *denotatum*. *Connotations*, however, are additional properties of a lexeme. (Lipka 1990, S. 64)

Während sich die denotative Bedeutung also auf den Begriffskern eines Lexems bezieht, beinhaltet die konnotative Bedeutung zusätzliche Merkmale, die den Begriffskern ergänzen, aber nicht verdrängen. Hansen u.a. sprechen von der denotativen Bedeutung als „Abbilder des Erkenntnisobjekts[1]" und von der expressiven Konnotation (einem Teilbereich der konnotativen Bedeutung, vgl. Kapitel 2.2.2) als „Abbilder der Haltung des Erkenntnissubjekts[2] zum Erkenntnisobjekt" (Hansen u.a. 1982, S. 154). Was also diese zwei Termini miteinander verbindet, ist ihr gemeinsamer Anteil an der Bildung einer Lexembedeutung (Hansen u.a. 1982, S. 155).

2.4 Kontextabhängige Bedeutung

Hinsichtlich der situativen Bedeutung spielt die Kontextabhängigkeit eine wichtige Rolle. Hansen u.a. rücken den Terminus in die Nähe der semantischen Valenz und betrachten ihn als Bestandteil der denotativen Bedeutung:

Die denotative Bedeutung umfaßt den inhärenten, direkten Gehalt einer lexikalischen Bedeutung (das, was ein Lexem vom anderen unterscheidet [...]) und den kontextuellen, indirekten Gehalt einer lexikalischen Bedeutung (die durch sie vorausgesetzten Klassen von semantischen Partnern in Satz, Phrase oder komplexen Wort [...]). (Hansen u.a. 1982, S. 155)

2.4.1 Monosemierung und schematisches Hintergrundwissen

Treten innerhalb sprachlicher Äußerungen polyseme oder homonyme Wortformen in Erscheinung, so ist nur über den Kontext zu ergründen, welche denotative Bedeutung die Wortform hier aufweist. Als Beispiel sei das englische Substantiv *bank* aufgeführt, das sowohl (*Fluss-)Ufer* als auch *Geldinstitut* bedeuten kann. (Koll-Stobbe 2000, S. 39).

---

[1] „[...] Erkenntnisobjekt: der vom Menschen unabhängige Gegenstand menschlicher Erkenntnis, menschlichen   Erlebens und menschlicher Praxis [...]" (Hansen u.a. 1982, S. 153)
[2] „[...] Erkenntnissubjekt: der unter konkreten gesellschaftlichen Bedingungen lebende Mensch als aktiver Träger von Erkenntnisfähigkeiten und Erkenntnisfunktionen sowie Wertungen, Normsetzungen und   Emotionen [...]" (Hansen u.a. 1982, S. 153)

Welche dieser zwei Bedeutungen in einem konkreten Kontext Anwendung finden, lässt sich mit Hilfe der Monosemierung herausfiltern. Koll-Stobbe hierzu:

> Bei vorherrschend referentieller Verarbeitung werden mehrdeutige Konfigurationen wie *bank* in Sätzen wie *I went to the bank to deposit some money* automatisch monosemiert. Im kontextuellen Sprachgebrauch wird über Monosemierung das Problem der potentiellen Polysemie aufgehoben. Durch konzeptionelle Verarbeitung kann das Prinzip der Monosemierung aber durchbrochen werden […]. (Koll-Stobbe 2000, S. 41)

Eine solche Durchbrechung erfolgt insofern, als auch an einem Flussufer Geld abgelegt werden kann. Dieser inhaltliche Vorgang ist zwar grammatikalisch gesehen unproblematisch, angesichts des schematischen Hintergrundwissens geht der Rezipient jedoch davon aus, dass das besagte Geld in einem entsprechenden Institut abgelegt wurde.

> Der Bereich des Sprachgebrauchs (der Performanz) wird tangiert und damit Bereiche einer bestimmten Sprache und einer bestimmten Sprachkultur (in der den beiden Bedeutungen von *bank* bestimmte kognitive Funktionsbereiche durch die Aktivierung schematischen Hintergrundwissens zugeordnet werden). (Koll-Stobbe 2000, S. 23)

Es ist also ersichtlich, dass eine Monosemierung von Wortformen wie *bank* nicht nur aufgrund umgebenden Sprachmaterials (des Kotextes) erfolgt, sondern auch durch die Aktivierung eines schematischen Hintergrundwissens seitens des Rezipienten.

2.4.2 Das Interpretationsmodell

Wie kontextabhängig Bedeutung ist, bringt das so genannte *Interpretationsmodell* der Pragmatik beispielhaft zum Ausdruck. Im Gegensatz zum etwas naiven *Containermodell*[3] lenkt es die Aufmerksamkeit nicht nur auf den Produzenten einer sprachlichen Äußerung, sondern auch auf den Rezipienten, der den Wunsch besitzt,

---

[3] „Das Containermodell trivialisiert die Rolle des Hörers, da der Vorgang des Verstehens von Bedeutung (metaphorisch auf den Vorgang der Entnahme von Bedeutung aus einer Form reduziert wird (wir sagen z.B. *der Hörer entnimmt den Worten des Sprechers, daß* ...!) Verstehen wäre nach dieser Auffassung im Sinne einer Richtungsumkehr ein rein mechanischer, unidirektionaler, reversativer Vorgang (der Hörer 'entnimmt' Formen nur die Bedeutungen, die der Sprecher zuvor 'in' sie 'hineingefüllt' hat) und erfordert insofern keinen nennenswerten kognitiven Aufwand." (Bublitz 2001, S. 40)

diese Äußerung zu verstehen. D.h. in diesem Falle, dass er die Äußerung interpretieren muss, da dieses Modell Verstehen und Interpretieren gleichsetzt (Bublitz 2001, S. 40).

Bublitz hierzu:

Wenn wir interpretieren, stellen wir Hypothesen auf über das, was der Sprecher meint, und überprüfen ihre Plausibilität im Kontext. Verstehen führt zu einem Verständnis von Bedeutung. Bedeutung-im-Kontext entsteht also handlungsbegleitend. (Bublitz 200, S. 40)

Gemäß dem Interpretationsmodell weist die Bedeutung während des Interpretationsvorganges für den Rezipienten einen dynamischen, variablen Charakter auf und *verfestigt* sich erst, wenn der Verstehensprozess beendet ist (Bublitz 2001, S. 40). Die Bedeutung einer sprachlichen Äußerung ist also davon abhängig, wie der Rezipient die Äußerung unter Berücksichtigung des Kontextes, der Beteiligten sowie anderweitiger Gesprächsumstände verarbeitet (Bublitz 2001, S. 40).

Die Äußerungsbedeutung wird vom Verstehenden nicht 'vorgefunden', sondern (nach den sprachlichen Instruktionen des Sprechers und anderen Vorgaben) in einem eigenen schöpferischen Akt konstruiert. (Bublitz 2001, S. 41)

2.4.3 Bedeutetes und Gemeintes

Auf die Kontextabhängigkeit von Bedeutungen verweist auch Polenz, indem er eine grundsätzliche Unterscheidung zwischen *bedeuten* und *meinen* trifft (im Englischen zusammengefasst im Verb *to mean*). Das Bedeutete entspricht hier der lexikalischen, usuellen Bedeutung, das Gemeinte hingegen der aktuellen, okkasionellen Bedeutung (Polenz 1988, S. 298 f.).

Der Inhalt sprachlicher Äußerungen besteht nicht nur aus dem, was die sprachlichen Ausdrucksformen von Wortschatz und Grammatik her als ihre Bedeutungen ‚mitbringen', konkreter: Was Sprecher/Verfasser bzw. Hörer/Leser in ihrem Sprachwissen als Bedeutungen gespeichert haben und (mehr oder weniger sorgfältig) anwenden. Der Äußerungs-Inhalt konstituiert sich zum wesentlichen Teil auch aus dem, was Sprecher/Verfasser jeweils ausdrücken wollen und können, aufgrund ihrer Absichten/Intentionen, ihres Vorwissens, ihrer Bildung, ihrer Einstellungen, ihres Bewusstseins von der jeweiligen Kommunikationssituation und ihrem bisherigen Ablauf usw. (Polenz 1988, S. 299)

Am Beispiel *Was für ein schöner Tag heute!* lässt sich das Genannte mustergültig aufzeigen: Die usuelle Bedeutung umfasst positive Inhalte wie schönes Wetter oder auch anderweitige Aspekte, die den Tag für den Sprecher/Verfasser persönlich in ein positives Licht rücken. Ob dies jedoch auch dem Gemeinten entspricht (also der okkasionellen Bedeutung) ist kontextabhängig. Weist der Tonfall des Sprechers/Verfassers ironische Züge auf und ist zudem das Wetter schlecht, so wird das Bedeutete überlagert vom Gemeinten.

Polenz bringt zum Ausdruck, dass der Verstehensprozess des Hörers/Lesers durch Annahmen gewährleistet wird, die „mit Hilfe von ERKENNEN und EINSCHÄTZEN des Handlungskontextes" entstehen (Polenz 1988, S. 303).

2.4.4 Konversationelle Implikaturen

Hinsichtlich der Kontextabhängigkeit von Bedeutungen lohnt auch die Betrachtung von *konversationellen Implikaturen*. Bublitz bezeichnet diese als ein

geordnetes Verfahren [...] dessen sich sowohl Sprachbenutzer als auch Linguisten bedienen, um das nicht ausgedrückte Gemeinte 'hinter' dem ausgedrückten Gesagten zu verstehen (und zu beschreiben). (Bublitz 2001, S. 178)

Wie kontextabhängig sie sind, lässt sich insbesondere an konversationellen Implikaturen aufzeigen, die vom Rezipienten auf Grundlage der Grice´schen (1968, 1975) Quantitätsmaxime erschlossen werden (Bublitz 2001, S. 186). Als Beispiel sei hier ein Dialog angeführt, in dem der Sprecher dem Hörer viele überflüssige Informationen vermittelt und somit augenscheinlich gegen die Quantitätsmaxime verstößt. Ob nun der Hörer daraus schließt, der Sprecher halte ihn für ungebildet, hängt ganz davon ab, welchen Charakter er dem Sprecher bescheinigt. Ist letzterer grundsätzlich für seine Redefreudigkeit bekannt, wird der Hörer möglicherweise nicht implizieren, er halte ihn für ungebildet. Dies könnte allerdings dann der Fall sein, wenn der Sprecher nur in dieser spezifischen Situation einen erhöhten Erklärungsdrang aufweist und sich gewöhnlich in Schweigen übt.

13

3 Analyse einer Teststudie

Im folgenden Teil dieser Arbeit werde ich mich der Analyse einer Teststudie widmen, die im Rahmen eines anglistischen Diskurslinguistik-Seminars an der Ernst-Moritz-Arndt-Universität Greifswald durchgeführt wurde. In dieser Studie wurde zehn Probanden (sowohl männliche als auch weibliche Anglistik-Studenten) folgende, in Form eines einseitigen Textes zu beantwortende, Aufgabe gestellt: *Please tell us something about the shoes you own, and what they mean to you.* In erster Linie ist es mein Ziel, anhand dieser qualitativen Datenerhebung herauszukristallisieren, inwiefern die Probanden ihre (vielschichtige) Bedeutung von Schuhen konstituieren und inwiefern diese Bedeutung zwischen ihnen differiert, um damit den referentiellen und konnotativen Gehalt sowie die Kontextabhängigkeit von Bedeutung zu unterstreichen.

3.1 Dimensionen bei Kaiser u.a.

Es existiert eine Vielzahl an möglichen Gesichtspunkten, unter denen die Bedeutung von Schuhen für die Probanden sowie ihre Bedeutungsdifferenzen betrachtet werden können. Diesbezüglich haben Kaiser u.a. mit Hilfe einer Probandendiskussion zehn Dimensionen erstellt (Wilson i.E., S. 208), die in der anschließenden Tabelle aufgelistet sind. Diesen Dimensionen habe ich die zehn Probanden der Greifswalder Teststudie zugeordnet, um herauszufiltern, inwiefern in den Probandentexten die jeweiligen Dimensionen (nicht) zum Ausdruck kommen.

	old-young	liberal-conservative	work-leisure	comfortable-uncomfortable	unsexy-sexy	formal-casual	high-status-low-status	inexpensive-expensive	dislike-like	fashionable-unfashionable
1	-	+	+	+	-	+	-	-	+	+
2	-	+	-	+	-	+	-	-	+	+
3	-	+	-	+	+	+	+	-	+	+
4	-	+	+	+	-	+	-	+	+	+
5	-	+	+	+	-	+	-	+	+	+
6	-	+	+	+	-	+	+	-	+	+
7	+	+	+	+	-	+	-	+	+	+
8	-	+	+	+	-	+	-	-	+	+
9	+	+	+	+	-	+	-	+	+	+
10	+	-	+	+	-	+	-	+	+	+

Da es sich hier um eine qualitative Datenerhebung handelt, sind die Vergleichsmöglichkeiten zwischen den Probanden selbstverständlich beeinträchtigt, so dass die tabellarischen Angaben leider nicht ohne ein gewisses Maß an Subjektivismus auskommen. Nichtsdestotrotz denke ich, dass die vorliegenden Daten einige interessante Erkenntnisse liefern. So wurde für mich ersichtlich, dass die Dimension *comfortable-uncomfortable* die insgesamt am stärksten berücksichtigte Dimension ist, was sich auch daran zeigt, dass bei neun von zehn Probanden Worte wie *comfort* oder *comfortable* Anwendung finden. Insgesamt treten diese Worte 16x in Erscheinung, so dass das Sem [bequem] die dominanteste Rolle spielt. Die Dimension *liberal-conservative* findet meines Erachtens ebenfalls starke Beachtung, da die meisten Texte zumindest unterschwellig Angaben darüber enthalten, ob Schuhe eher altmodischen oder frischen/mutigen Charakter besitzen. Weitere Dimensionen, die von sämtlichen Probanden berücksichtigt werden, sind *fashionable-unfashionable*, *formal-casual* sowie *dislike-like*. Zwar legen nur einige der Probanden mehr Wert auf modische Schuhe (insbesondere Proband 3, bei dem auch als einziger die Dimension *unsexy-sexy* zum Ausdruck kommt), während andere die Funktionalität in den Vordergrund stellen (beispielsweise Proband 5), allerdings gibt es in allen Texten Hinweise darauf, dass die modische Dimension von Schuhen zumindest nicht gänzlich ignoriert wird. Ebenso bringen sämtliche Probanden zum Ausdruck, ob sie (ihre) Schuhe mögen bzw. ob sie förmliche oder legere Schuhe tragen. Hinsichtlich letzterem geben einige der Probanden an, für besondere Anlässe elegante und weniger bequeme Schuhe zu tragen. Ebenfalls recht stark vertreten ist die Dimension *work-leisure*, da eine Vielzahl der Probanden Angaben über ihre Schuhwahl bei Freizeitaktivitäten machen. Ausgeglichen berücksichtigt wird hingegen die Dimension *inexpensive-expensive*. Während fünf Probanden ihr Verhältnis zu Schuhen auch mit der Frage, wie teuer oder billig sie sind, in Verbindung bringen, ignorieren die weiteren Fünf diese Dimension gänzlich. Die Dimension *old-young* findet noch weniger Berücksichtigung. Nahezu gänzlich ohne Anwendung bleiben die Dimensionen *unsexy-sexy* sowie *high-status-low-status*, so dass weder die erotische Ausstrahlung noch der Ausdruck eines sozialen Status´ durch Schuhe eine bedeutsame Rolle für die Probanden zu spielen scheinen.

3.2 Die einzelnen Probanden im Überblick

Der folgende Abschnitt soll einen kurzen, aber prägnanten Überblick über jene Facetten verschaffen, die in den einzelnen Probandentexten besonders deutlich zum Ausdruck kommen. Dabei werde ich nicht ausschließlich von den Dimensionen Gebrauch machen, die Kaiser u.a. erstellt haben, sondern einige zusätzliche Aspekte einbeziehen, deren Relevanz durch die Texte ersichtlich wird. So werde ich auch einen näheren Blick auf die emotionale Einstellung des Probanden gegenüber seinen Schuhen werfen sowie die sportliche, geschlechtsspezifische und jahreszeitenabhängige Bedeutung ergründen. Da das Geschlecht des jeweiligen Probanden anonymisiert wurde, werde ich bei deren Bezeichnung grundsätzlich den maskulinen Ausdruck verwenden, wobei das Geschlecht aus einigen Texten jedoch auch deutlich hervorgeht.

Proband 1 verleitet der Gedanke an Schuhe (wie nahezu jeden anderen Probanden auch) zu einer Auseinandersetzung mit den Jahreszeiten, was sich daran zeigt, dass er eine Einteilung in Winter- und Sommerschuhe vornimmt und zugleich angibt, den Sommer sowie die dazugehörigen Schuhe zu mögen. Die Winterschuhe haben für ihn hingegen eher eine funktionale Bedeutung. Auffällig ist bei diesem Probanden die stark ausgeprägte emotionale Bindung zu einigen Schuhen, etwa wenn er durch sie an spezielle Personen oder Ereignisse erinnert wird. So schreibt er:

I have got a pair of house slippers. My father made them for me out of sheepskin. They do not look the best, but they keep my feet warm at home and they have got a high emotional value.

Auch auf geschlechtsspezifischer Ebene wird Schuhen hier eine Bedeutung zugewiesen, da der Proband angibt, Ballerinas aufgrund der Eigenschaft zu mögen, sehr weiblich zu sein. Die sportliche Bedeutung findet ebenfalls Anwendung und wird vom Probanden mit der funktionalen Bedeutung gekoppelt. Sportschuhe haben für ihn also einen eher funktionalen und weniger modischen Stellenwert. Eigenschaften wie der Preis sowie die Repräsentation des sozialen Status werden hingegen nicht berücksichtigt.

Proband 2 schenkt dem jahreszeitlichen sowie sportlichen Aspekt Beachtung und ordnet Sportschuhen (ebenso wie Proband 1) einen funktionalen Stellenwert zu, während er bei den restlichen Schuhen verstärkten Wert auf den modischen Aspekt legt. Eine tiefere emotionale Bindung zu seinen Schuhen ist jedoch nicht erkennbar. Ebenso fehlen Geschlechts- und Preisdimension sowie eine Angabe zur Repräsentation des sozialen Status.

Proband 3 nimmt als einziger keine jahreszeitliche Zuordnung vor und scheint auch am emotionalen und sportlichen Aspekt sowie am Preis nicht näher interessiert zu sein. Stattdessen vermittelt er in seinem Text eine sehr geschlechtsspezifische Bedeutung von Schuhen, indem er sehr auf ihre weiblichen Facetten (insbesondere hohe Absätze) und die Vorteile, die sich hierdurch für eine Frau ergeben, eingeht. Dabei setzt er den modischen über den behaglichen und funktionalen Aspekt. Im Gegensatz zu den vorigen Probanden geht er auch auf den sozialen Status ein, den Schuhe repräsentieren.

Proband 4 wiederum nimmt auf den jahreszeitlichen Aspekt Bezug und ordnet dem funktionalen sowie preislichen Aspekt oberste Priorität zu, indem er angibt, Schuhe müssen bequem und nicht preiswert sein. Weiterhin findet der sportliche Aspekt Anwendung, eine emotionale oder geschlechtsspezifische Bedeutung ist jedoch ebenso wenig zu erkennen, wie eine Stellungnahme zur Repräsentation des sozialen Status.

Proband 5 weist – grob umrissen – eine Vielzahl an Parallelen zu Proband 4 auf. Auch hier wird auf den jahreszeitlichen, sportlichen sowie preislichen Aspekt eingegangen, während der emotionale und geschlechtsspezifische Aspekt sowie der soziale Status ignoriert werden. Entgegen der vorigen Probanden charakterisiert er sein Verhältnis zu Schuhen sogar explizit als eher emotionslos, suggeriert aber nichtsdestotrotz durch einige detaillierte Angaben seiner Schuhe Interesse:

[…] is my most expensive pair of shoes, my LOWA trekking boots. They are very comfortable to wear on long hiking tours and their water resistant Gore-Tex level has never disappointed me yet.

Hier dominiert der Bequemlichkeitsaspekt unverkennbar den modischen.

Proband 6 nimmt ebenfalls auf den jahreszeitlichen sowie sportlichen Aspekt Bezug und macht einige deutlich geschlechtsspezifische Anmerkungen. So stellt er fest, dass die Auseinandersetzung mit Schuhen in erster Linie eine Angelegenheit für Frauen sei und Männer dieses Verhalten nie verstehen werden. Auch der soziale Status findet in seinem Text Anklang, indem er von Diskos schreibt, in welche ohne die passenden Schuhe kein Einlass gewährt wird. Hinsichtlich des emotionalen Aspekts gibt er an, Schuhe hätten keine große Bedeutung für ihn. Die Bequemlichkeit steht hier im Vordergrund, was sich auch daran zeigt, dass er seine für besondere Anlässe erworbenen Schuhe nicht mag und sie somit eher eine funktionale Bedeutung für ihn tragen. Keine Erwähnung findet hingegen die preisliche Dimension.

Proband 7 unterteilt die Schuhe jahreszeitlich und nimmt auch auf den preislichen Aspekt Bezug, indem er anmerkt, Schuhe sollten nicht sehr teuer sein. Der sportliche Aspekt spielt hier ebenso eine Rolle wie der emotionale und geschlechtsspezifische. Letzterer tritt durch die Anmerkung des Probanden in Erscheinung, das Einkaufen von Schuhen – wie alle Frauen – zu lieben. Dem emotionalen Aspekt wiederum schenkt der Proband insofern Beachtung, als er einen Schuh beschreibt, der ihn aufgrund eines Feuerlochs an ein bestimmtes Ereignis erinnert. Eine weitere Auffälligkeit ist die besonders hohe Anzahl farblicher Aufzählungen, die der Proband bei der Beschreibung seiner Schuhe vornimmt. Eine Anmerkung zum sozialen Status existiert hingegen nicht.

Proband 8 nimmt - abgesehen vom jahreszeitlichen Aspekt – kaum auf jene Aspekte Bezug, die in diesem Abschnitt bislang im Vordergrund standen. Weder dem emotionalen, noch dem preislichen Aspekt wird hier Beachtung geschenkt. Ebenso wenig finden der geschlechtsspezifische und sportliche Aspekt sowie der soziale Status Anwendung. Stattdessen beschreibt der Proband auf vergleichsweise überdurchschnittlich detaillierte Weise die Struktur seiner Schuhe:

Made of silk-finished black leather, the heavy boots have the common rectangular form and a gently rounded toe cap. The outsole thickens at the heel to a basis of 4 centimetres strength […]

Er gibt an, Schuhe aus behaglichen sowie zweckmäßigen Gründen auserwählt zu haben und scheint an ihnen somit ein ebenso funktionales wie emotionsloses Interesse zu besitzen.

Proband 9 weist im Gegensatz zum vorigen Probanden viele Bezüge zu den besagten Aspekten auf. So schenkt er dem jahreszeitlichen, sportlichen sowie preislichen Aspekt Beachtung und macht zudem einige emotionale sowie geschlechtsspezifische Anmerkungen, etwa wenn er erwähnt, 14 Paar Schuhe seien für einen Mann eine ungewöhnlich hohe Zahl. Mit der Anmerkung, einige seiner Schuhe könne er nicht wegwerfen, da sie ihn lange begleitet haben und er eine Art persönliche Beziehung zu ihnen aufgebaut hat, macht er den vergleichsweise emotionalen Tonfall seines Textes deutlich. Angaben zum sozialen Status existieren hingegen nicht.

Proband 10 gibt sich wiederum deutlich emotionsloser, indem er seine Schuhe numerisch aufzählt und am Ende anmerkt, keine sonderlich emotionalen Assoziationen zu Schuhen aufzuweisen. Allerdings bezeichnet er ein paar Schuhe auch als Souvenir, welches ihn an einen Aufenthalt in Paris erinnert, so dass sich sein Verhältnis zu Schuhen zumindest nicht gänzlich emotionslos verhält. Weiterhin nimmt er auf den jahreszeitlichen, sportlichen sowie preislichen Aspekt Bezug, unterlässt jedoch Angaben zum sozialen Status sowie zum geschlechtsspezifischen Aspekt.

Zusammenfassend lässt sich feststellen, dass aus den meisten Probandentexten eine jahreszeitliche Bedeutung herauszulesen ist. Neun von zehn Probanden bringen zum Ausdruck, Schuhe mit den Jahreszeiten in Verbindung zu bringen (insbesondere hinsichtlich der Differenzierung von Sommer- und Winterschuhen). Eine nahezu ebenbürtige Rolle spielt der sportliche Aspekt, der in acht Probandentexten zur Geltung kommt. Deutlich seltener treten hingegen der geschlechtsspezifische sowie emotionale Aspekt in Erscheinung. Nur fünf Probanden bringen zum Ausdruck, dass sie Schuhen auch eine geschlechtsspezifische Bedeutung beimessen, beispielsweise indem sie von ihnen als „Frauensache" sprechen. Noch weniger (nämlich genau vier) Probanden zeigen in den Texten ein emotionales Verhältnis zu ihren Schuhen auf. Damit lässt sich (auch unter Berücksichtigung der Erkenntnisse aus Abschnitt 3.1) feststellen, dass bei den Probanden der funktionale Aspekt sehr zahlreich in Erscheinung tritt (was sich auch durch den starken Bezug zu den Jahreszeiten sowie dem sportlichen Aspekt zeigt), während der modische Gehalt nur bei wenigen von ihnen wirklich im Vordergrund steht (obgleich die Mode*dimension* von allen Beachtung findet).

3.3 Verknüpfung von Theorie und Datenanalyse

Welche Erkenntnisse liefert die Teststudie nun hinsichtlich des vorherigen Theorieteils? In erster Linie belegt sie deutlich den konnotativen, referentiellen sowie kontextabhängigen Gehalt, den Bedeutungen annehmen können. Um diesen bestmöglich hervorzuheben, zitiere ich nun einen lexikalischen Interneteintrag von „Schuh":

Fußbekleidung mit fester Sohle und geschlossenem Oberteil aus verschiedenen formbaren Materialien, auch *Stiefel* (Langschäfter). Die Teile des Schuhs sind ein über einen Leisten gefertigter Schaft, Versteifungen vorn und hinten (*Vorder-* und *Hinterkappe*) und der Boden aus *Innensohle (Brandsohle)*, *Laufsohle* und *Absatz* aus Leder, Holz oder Kunststoff. Die Herstellung erfolgt heute fast ausschließlich auf Maschinen (zuerst 1813 in England, in Nordamerika seit 1820). (siehe http://www.wissen.de/wde/generator/wissen/ressorts/unterhaltung/index,page=1236458.html)

Vergleicht man diese lexikalische Definition mit den aus den Probandentexten ersichtlichen Bedeutungen, so bilden sich folgende Erkenntnisse:

1. Die Bedeutungen der Probandentexte sind (im Gegensatz zu der lexikalischen) referentieller Art und beziehen sich demnach auf konkrete Objekte der außersprachlichen
    Welt.
2. Im Gegensatz zu der lexikalischen Definition spielt die Kontextabhängigkeit in den Probandentexten eine wichtige Rolle.
3. Während die lexikalische Definition auf den denotativen Gehalt von Schuhen verweist
    und damit deren Funktionalität als Fußbekleidung hervorhebt, weisen die Probandentexte
    eine Vielzahl an Konnotationen auf.

3.3.1 Referentielle Bedeutung

Formulierungen wie *my shoes* oder *these shoes*, die sich wie ein roter Faden durch die Probandentexte ziehen, belegen die referentielle Bedeutung, die der Schuh-Terminus hier aufweist. Die Probanden ordnen diesem Terminus nicht ausschließlich seinen Begriffskern zu, um damit sämtlichen Schuhen definitorisch gerecht zu werden, sondern beziehen ihn auf ihre persönlichen (und einmaligen) Exemplare, zu denen sie ein individuelles Verhältnis aufweisen. Es ist also ersichtlich, dass die Probanden nicht ausschließlich auf die Objekt- bzw. imaginäre Welt verweisen, sondern auch (oder gerade) einen Zugang zur außersprachlichen Welt herstellen.

3.3.2 Kontextabhängige Bedeutung

Entsprechend dem Schlusssatz des vorherigen Abschnitts sind die Bedeutungen, die dem Schuh-Terminus zugeordnet werden, abhängig vom jeweiligen Probanden, seinen individuellen Erfahrungen sowie der Situation, auf die er den Terminus anwendet. Proband 2 macht deutlich, dass für ihn Schuhe im sportlichen Kontext in erster Linie eine funktionale Bedeutung aufweisen, während für ihn bei besonderen Anlässen die modische Bedeutung höchste Priorität besitzt. Proband 6 hingegen ordnet Schuhen zu Beginn seines Textes eine geschlechtsspezifische Bedeutung zu, indem er folgende Aussagen trifft:

I am not a friend of clichés but in this case I would say that shoes and women are inseperable. I know from my experience with my sister, my mom and my girlfriend that women can't pass by a shoe shop without going inside.

Die geschlechtsspezifische Bedeutung, die er Schuhen recht deutlich zuordnet, geht aus der Tatsache hervor, dass Familie und Freundin ihm den Eindruck vermittelt haben, Frauen seien stärker an Schuhen interessiert als Männer. Somit spielt der familiäre Kontext eine prägnante Rolle hinsichtlich dieser Bedeutungskonstitution. Proband 1 wiederum ordnet seinen Schuhen im sportlichen Kontext eine ausschließlich funktionale Bedeutung zu, während er seinen Hausschuhen, die der Vater aus Schafswolle angefertigt hat, eine hohe emotionale Bedeutung bescheinigt. Damit zeigt er, dass die

Bedeutung eines Schuhes abhängig ist vom Umfeld, indem er zur Geltung kommt sowie den persönlichen Erinnerungen, die mit ihm in Verbindung gebracht werden.

3.3.3 Konnotative Bedeutung

Im Gegensatz zur hier angeführten lexikalischen Definition von „Schuh", die nahezu ausschließlich den Begriffskern abbildet, wird der Terminus in den Probandentexten äußerst vielseitig konnotiert. Dies wird durch Lexeme wie *ballerinas* oder *trainers* deutlich, die in einigen Texten als Schuhexemplare angegeben werden. *Ballerinas* zählen zu jener Sorte von Schuhen, die eine weibliche Konnotation aufweisen, während *trainers* sportlich konnotiert sind. Proband 6 bezeichnet seine Halbschuhe (*loafers*) als Schuhe für besondere Anlässe und konnotiert sie somit als Mittel, um den sozialen Status würdevoll zu repräsentieren. Hingegen schenkt Proband 3 bei seiner Auseinandersetzung mit Schuhen den *high heels* besondere Aufmerksamkeit, so dass eine sexuelle Konnotation ersichtlich wird. Grundsätzlich sind in den Probandentexten häufig expressive Konnotationen anzutreffen, die (wie bereits in Abschnitt 2.2.2 beschrieben) die emotionale Verfassung und Einstellung des Sprechers bzw. Schreibers verdeutlichen. Proband 7 gibt an, Schuhe zu lieben, und konnotiert den Terminus somit als einen geliebten Gegenstand. Die Bedeutung bezieht sich hier nicht auf manifeste Eigenschaften von Schuhen, sondern ausschließlich auf die persönliche Einstellung des Probanden zu ihnen. Ähnlich verhält es sich bei Proband 1, der von *house slippers* schreibt, die der Vater angefertigt hat und deren emotionaler Wert hoch ist. Somit verleiht er dem Schuhpaar eine persönliche, emotionale Konnotation, die (ebenso wie im vorigen Beispiel) keine manifesten Objektmerkmale anspricht.

4 Schlussbetrachtung

Zusammenfassend lässt sich hervorheben, dass einige Dimensionen von Kaiser u.a. bei sämtlichen Probanden vertreten sind. Zu diesen Dimensionen zählen *comfortable-uncomfortable, formal-casual, dislike-like* sowie *fashionable-unfashionable*. Neben den Dimensionen von Kaiser u.a. können weitere Beobachtungen getroffen werden: So nehmen eine Vielzahl der Probanden auf den sportlichen sowie jahreszeitlichen Aspekt Bezug, während der emotionale und geschlechtliche Aspekt von etwa gleich vielen Probanden be- bzw. missachtet wird.

Somit wird deutlich, dass hinsichtlich des Schuh-Terminus Bedeutungsdifferenzen zwischen den Probanden exisitieren. Doch damit nicht genug: Die kaiserschen Dimensionen sowie die von mir eigenständig hinzugefügten Aspekte zeigen auf, dass jeder Proband dem Schuh-Terminus mehr als nur eine Bedeutung beimisst. Jeder Proband beschreibt sein Verhältnis zu Schuhen in mindestens fünf kaiserschen Dimensionen, bei den meisten kommen gar sieben bis acht zum Vorschein. Zusätzlich gebraucht jeder Proband mindestens eine der von mir eigens hinzugefügten Aspekte, bei den meisten finden sogar zwei bis drei Anwendung.

Es zeigt sich also, wie kontextabhängig die Bedeutung von Schuhen ist, da jeder Proband den Schuhen in unterschiedlichen Situationen und Umfeldern auch unterschiedliche Werte und Funktionen zuordnet. Ebenso kommt anhand der Probandentexte zum Vorschein, dass die Schuh-Bedeutungen referentieller Art sind. Dies zeigt sich anhand der Tatsache, dass in den Texten nicht ausschließlich auf die Objekt- bzw. imaginäre Welt verwiesen wird, sondern auch (oder gerade) ein Zugang zur außersprachlichen Welt hergestellt wird. Die konnotative Bedeutung wiederum kommt bei den Probanden dadurch zur Geltung, dass sie neben dem Begriffskern des Schuh-Terminus eine Vielzahl an Assoziationen beschreiben, die sie mit Schuhen geistig verknüpfen. Damit hat sich meine eingangs verfasste These bestätigt. Die in dieser Arbeit ausgewertete Teststudie hat gezeigt, das sich die Bedeutung des Lexems „Schuh" häufig nicht auf seine Denotation Beschränken lässt, sondern darüber hinaus auch konnotativer, referentieller sowie kontextabhängiger Art ist.

5 Literaturverzeichnis

1. Blutner, Reinhard: *Lexikal Semantics and Pragmatics*. In: Hamm, Fritz; Ede, Thomas (Hrsg.): *Semantics. Linguistische Berichte. Sonderheft 10.* Hamburg 2002, S. 27-58.

2. Bublitz, Wolfgang: *Englische Pragmatik. Eine Einführung.* Berlin 2001.

3. Goddard, Cliff: *Semantic Analysis.* London 1998.

4. Hansen, Barbara; Hansen, Klaus; Neubert, Albrecht; Schentke, Manfred: *Englische Lexikologie. Eine Einführung in Wortbildung und lexikalische Semantik.* Leipzig 1982.

5. Koll-Stobbe, Amei: *Konkrete Lexikologie.* Tübingen 2000.

6. Leisi, Ernst: *Praxis der englischen Semantik.* Heidelberg 1973.

7. Linke, Angelika; Nussbaumer, Markus; Portmann, Paul R.: *Studienbuch Linguistik.* 4., unveränderte Auflage Tübingen 2001.

8. Lipka, Leonhard: *An Outline of English Lexicology.* Tübingen 1990.

9. Montgomery, Martin: *An Introduction to Language and Society.* 2. Auflage London 2004.

10. Polenz, Peter von: *Deutsche Satzsemantik. Grundbegriffe des Zwischen-den-Zeilen-Lesens.* 2., durchgesehene Auflage Berlin 1988.

11. Wilson, Andrew; Moudraia, Olga: *Quantitative or qualitative content analysis? Experiences from a cross-cultural comparison of female students´ attitudes to shoe fashions.* In: Wilson, Andrew; Rayson, Paul; Archer, D.: *Corpus linguistics around the world.* Amsterdam i.E., S. 203-217.

Internetquellen:

12. Lexikon: Schuh

http://www.wissen.de/wde/generator/wissen/ressorts/unterhaltung/index,page=1 236458.html (19.8.2006)